AF363594

1687.

	Fenardᵗ	M.d. et plaq. ital.
Barneville	Fenardᵗ	Antiquités
G. Renso	Fenardᵗ	M. vénit, papal, étrang. fᵣ
	Hoffmann	Verres antiques, terres cuites.
B. de E.	Fenardᵗ	M. roy. franç.
	Van Peteghem	M.d. papales, m., sceaux, ass, mat.
Kergariou (Chᵗ de)	Hoffmann 15.16 XII 873	M. gaul., gr., rom., franç., étrang.
	Van Peteghem	M franç et étrang
	Van Peteghem	M. et méd. franç. et étrang.
G. B.	J. Sandrion	M. rom.
	Ad. Hess	Diverses
	Sotheby	Antiq. et pierres gravées

CATALOGUE

D'UN CHOIX

DE MÉDAILLES

ET

PLAQUETTES ITALIENNES

DES XVe ET XVIe SIÈCLES

Provenant de la Collection de M.***, de Londres

DONT LA VENTE AUX ENCHÈRES PUBLIQUES AURA LIEU

HOTEL DES COMMISSAIRES - PRISEURS

RUE DROUOT, N° 9, SALLE N° 9

Au premier étage

Le Samedi 19 Mars 1881

A deux heures très précises

Par le ministère de Me DELESTRE, Commissaire-Priseur
rue Drouot, n° 27

Assisté de MM. ROLLIN et FEUARDENT, Experts
4, rue de Louvois, 4

———

EXPOSITION PUBLIQUE LE JOUR DE LA VENTE, DE MIDI A DEUX HEURES

———

PARIS. — 1881

CONDITIONS DE LA VENTE

Elle sera faite expressément au comptant.

Les acquéreurs paieront *cinq pour cent* en sus des adjudications, applicables aux frais de vente.

PARIS. — IMPRIMERIE ALCAN-LÉVY, 61. RUE DE LAFAYETTE.

CATALOGUE

D'UN

CHOIX DE MÉDAILLES

ET

PLAQUETTES ITALIENNES

ET DES XVe ET XVIe SIÈCLES

MÉDAILLES

1. L. B. ALBERTI, célèbre architecte, né à Florence (1400-1485).

LEO. BAPTISTA. ALBER. Buste à droite. ℞. QVID. TVM. Un œil ailé au milieu d'une couronne de laurier. OPVS MATHAEI PASTII VERONENSIS. (M. DE PASTI) Armand. n° 1.   90 mil.

2. ALPHONSE V, roi d'Aragon (1435-1458).

DIVVS. ALPHONSVS. REX. TRIVMPHATOR. ET. PACIFICVS. MCCCCXLVIII. Buste à dr. entre un casque et une couronne. ℞. LIBERALITAS. AVGVSTA. Un aigle au-dessus d'un chevreuil abattu, entouré d'oiseaux de proie. PISANI. PICTORIS OPVS. (Pisanello) Armand, 23.   105 mil.

3.   ALPHONSE V d'Aragon.

ALPHONSVS. REX. REGIBVS. IMPERANS. ET. BELLORVM. VICTOR. Buste à droite, au-dessus une couronne. ℟. VICTOREM. REGNI. MARS. ET. BELLONA. CORONANT. Le roi assis couronné par Mars et Bellone. (C. Jeremia) Armand, n° 1.   70 mil.

4. L'ARÉTIN (Pierre Bacci), poète, né à Arezzo (1492-1557).

DIVVS PETRVS ARETINVS, buste à g. ℟. VERITAS ODIVM PARIT. Une femme nue assise, couronnée par une Victoire ; à ses pieds un satyre. Gl. Pl. 37, n° 2.   59 mil.

5.   INIGO d'AVALOS, marquis de Pescaire.

DON. INIGO. DE. DAVALOS. Buste à droite. ℟. Le Globe terrestre au-dessus de l'écusson de Castille. PER VVII SE FA. OPVS PISANI PICTORIS (Pisanello). Armand, n° 1.   **75 mil.**

6. ANDRÉ BENTIVOGLIO, seigneur de Bologne (1475-1491).

ANDREAS. BENTIVOLVS. BONON. COMES. AC. LIBERTATIS. PATRIAE. SPLENDOR. Buste à g. ℟. INTEGRITATIS THESAVRVM. Une licorne portant un trésor. OPVS. SPERANDEI (Sperandio). Armand, 5.   87 mil.

7. JEAN II BENTIVOGLIO, seigneur de Bologne (1448-1509).

IOANES. BENTIVOLVS. BONON. LIBERTATIS. PRINCEPS. Buste g. ℟. OPVS. SPERANDEI. (Sperandio). Deux amours tenant un écusson aux armes des Bentivoglio. Armand, n° 6. 102 mil.

8. Même pièce.   102 mil.

9. MICHEL-ANGE (BUONAROTTI), 1475-1564. Peintre sculpteur et architecte florentin.

MICHAEL. ANGELVS. BONARROTVS, FLOR. AETS ANN. 88. Buste

à droite, sous le buste LEO (leone leoni). Buste drapé à droite.
℞. DOCEBO. INIQVOS. V. T. ET. IMPII AD TE CONVER. Un aveugle
conduit par un chien. Armand, n° 9.   57 mil.

10.   ANDRÉ DORIA, Amiral génois, (1466-1560).

ANDREAS DORIA. Buste à droite, derrière un trident; dessous, un
dauphin. ℞. Buste d'homme entouré de chaînes (léone léoni).
Armand, n° 6, étain.   44 mil.

11.   J. A. V. DULCI, jurisconsulte, né en 1482.

IO. AN. VIN. DVLCIVS IVR. CON. CAN. PATAVIN AETA 57. 1539.
Buste à gauche. ℞. GENIO BENEVONENTIŒ DVLCIS. Génie sa-
crifiant sur un autel. Armand, n° 14.   35 mil.

12. ALBERT DURER, artiste célèbre, né à Nuremberg, 1471-1528.

IMAGO. ALBERTI. DVRERI. AETATIS. SVAE. 56. Buste à droite.
℞. BE. MA. OB DORMIVIT IN XPO. VI. IDVS. APRILIS. MDXXVIII
VIC,VI. Gl. Pl. 7, n° 2.   41 mil.

13. LIONEL D'ESTE, duc de Ferrare, fils de Nicolas III.
            (1441-1450).

LEONELLVS. MARCHIO. ESTENSIS. Buste à droite, ℞. Masque
d'enfant, à trois visages, entre deux trophées d'armes sus-
pendus à des branches d'arbres. OPVS PISANI PICTORIS.
(Pisanello). Armand, n° 7.   64 mil.

14.   HERCULE II D'ESTE, 1534-1559.

D VX FERRARIAE III. Buste du duc avec les attributs d'Hercule.
℞. Lisse. Br.   62 mil.

15. FAUSTINE, (personnage inconnu). FAVSTINA. RO. O. P. Buste
à gauche. ℞. SI. IOVI. QVID. HOMINI. Léda et le Cygne. Gl.
Pl. 42, n° 6.   47 mil.

16. JEAN FRANÇOIS I DE GONZAGUE, marquis de Mantoue
(1394-1544).

IOHANNES FRANCISCVS DE GONZAGA PRIMIVS MARCHIO MANTVE. CAPIT. MAXI. ARMIGERORVM. Buste à g. ꝶ. J. F. de Gonzague à cheval; derrière, un écuyer. OPVS PISANI PICTORIS. (Pisanello.) Armand, 11. 93 mil.

17. JEAN FRANÇOIS II DE GONZAGUE, marquis de Mantoue
(1468-1519).

D. FRANCISCVS. GON. D. FRED. III. M. MANTVE. F. SPES. PVB. SALVSQ. P. REDIVI. Buste à gauche. ꝶ. ADOLESCENTIAE. AVGVSTAE. Figure debout entre le feu et l'eau, tenant une lance et une corbeille, sur laquelle est écrit : CAVTIVS; sur la base MELIOLVS. DICAVIT. (Meliolïï.). Armand, 4 68 mil.

18. HERCULE DE GONZAGUE, cardinal

HER. GONZ. CAR. MANT. Buste à dr. ꝶ. NIHIL MAIVS. MELIVS VETERRIS. Femme debout, tenant un caducée et des épis.

97 mil.

19. MARTIN DE HANNA

MARTINVS DE HANNA. Buste à dr. ꝶ. SPES MEA IN DEO EST. La Foi levant les bras vers le ciel. LEO (leone leoni). 70 mil.

20. ISOTTE DE RIMINI, femme de S. P. de Malatesta
(1430-1470).

ISOTE. ARIMINENSI. FORMA. ET. VIRTVTE ITALIE. DECORI. Buste voilé à droite. ꝶ. Eléphant. OPVS MATHEI DE PARTIS MCCCCXLVI. (Matteo de Pasti). Armand, n° 15. 84 mil.

21. ISOTTAE ARIMINENSI. Buste à dr. sans voile ꝶ.
MCCCCXLVI. Eléphant 80 mil.

22. JULES II pape (1503-1513).

JVLIVS. LIGVR. PAPA SECVNDVS. MCCCCVI. Son buste à droite. ℞. TEMPLI. PETRI INSTAVRACIO. La basilique de Saint-Pierre; à l'exergue, VATICANVS. M. (Caradosso.) Armand, n°2. 55 mil.

23. LÉONARD LORÉDAN, doge de Venise (1501-1521.)

LEONAR. LAVREDANVS. DVX. VENETIAR. ET. C. Buste à g. ℞. AEQVITAS. PRINCIPIS. L'Équité debout de face.   62 mil.

24. LOUIS XII ET ANNE DE BRETAGNE, (née en 1476 morte en 1514).

Buste a droite du roi, coiffé d'un mortier, orné d'une couronne de fleurs de lis, portant le collier de Saint-Michel. FELICE LVDOVICO. REGNANTE DVODECIMO. CAESARE. ALTERO. GAVDET. OMNIS. NACIO. Champ orné de fleurs de lis; à l'exergue, un lion. ℞. Buste à gauche d'Anne de Bretagne, coiffée d'un voile sur lequel est posée une couronne royale. LVGDVN. REPVBLICA GAVDETE. BIS. ANNA. REGNANTE BENIGNE. SIC. FVI. CONFLATA. 1499. Champ semé de fleurs de lis à gauche, d'hermines à droite; exergue, un lion. Gl. Pl. 5, n°. 1

110 mil.

25. J. P. LOMAZZO, écrivain célèbre, né à Milan (1538-1590).

IO. PAVLVS. LOMATIVS. Buste à g. ℞. VTRIVSQVE. Lomazzo incliné devant Mercure et Vénus. (Médaille de Galiotti?) Gl. Pl. 21, n° 1.   55 mil.

26. SIGISMOND PANDOLPHE MALATESTA, seigneur de Rimini (1432-1468).

SIGISMVNDVS PANDVLFVS DE MALATESTIS S. RO ECLESIE CAPITANEVS G. Buste à g. ℞. CASTELLVM SISMVNDVM ARIMINENSE.

MCCCCXLVI. Le château de Rimini. (Matteo de Pasti) Armand, 7. 84 mil.

27. VIRGILE MALVEZZI, patricien de Bologne, mort en 1481.

VIRGILIVS MAI.VITIVS. BONON. PATRIAE. DECVS. ET. LIBERTATIS. CVSTOS. Buste à gauche. ℞. OPVS SPERANDEI (SPERANDIO) MCCCCLXXVIII. Un homme nu, l'épée à la main, assis sur une base, un pied sur un sac et l'autre sur un chien. Armand, 26. 79 mil.

28. PASCAL MARIPETRO, doge de Venise (1457-1462).

DVX. PESQVALIS. MARIPETRVS. VENETVM. D. Buste à gauche. ℞. IOHANNE. ALME. VRBIS, VENEZIAR, DVCISE INCLITE. Buste à gauche. 85 mil.

29. HÉLÈNE MARSUPINI, femme de San-Gallo.

HELENA. MARSVPINA. CONSORTE. FIOREN. A. M. D. LI. Buste à gauche. ℞. lisse (San-Gallo). Armand, n° 7. 93 mil.

30. MATHEAS CORVIN, roi de Hongrie (1458-1490).

MATHIAS REX HVNGARIAE.. Buste lauré. ℞. lisse. 84 mil.

31. MAXIMILIEN I, empereur d'Allemagne (1459-1519). et Marie de Bourgogne.

MAXIMILIANVS FR. CAES. F. DVX AVSTR. BVRGVND. Buste à droite. ℞. MARIA KAROLI F. DVX BVRGVNDIAE AVSTRIAE BRAB. C. FLAN. Buste à droite de Marie de Bourgogne. 47 mil.

32. LAURENT DE MÉDICIS, né en 1448, mort en 1492.

MAGNVS LAVRENTIVS MEDICES. Buste à gauche. ℞. Lisse 34 mil.

33. COSME I DE MEDICIS, grand-duc de Toscane. (1537-1574.)

COSMVS MED. FLOREN. ET SENAR. DVX II. Buste à droite ℞. HETRVRIA PACATA. L'Étrurie debout entre un lion et une louve. 40 mil.

34. CHARLES, cardinal de Médicis, xvii⁰ siècle.

CAROLVS. CARD. MEDICES, Buste à droite. ℞. IN VTROQVE PRINCEPS. Un griffon. 80 mil.

35. PIERRE MONTE, légat du Pape, mort en 1459.

PETRVS MONTIVS. Buste à droite. ℞ VIS TEMPERA FERT IN VIA. Un homme nu tenant une hallebarde et ouvrant un livre. Gl. Pl. 38, n° 8. 33 mil.

36. PAUL II, pape (1404-1471).

PAVLVS. II. VENETVS. PONT. MAX. Buste à gauche. ℞. AVDIENTIA PVBLICA. PONT. MAX. Le pape, assisté d'un cardinal, donnant audience à plusieurs personnages. 38 mil.

37. PAUL III, pape (1534-1550).

PAVLVS. III. PONT. MAX. ANNO. I. Buste à droite. ℞. SAVLE. SAVLE. QVID. ME PERSEQVERIS. Quatre guerriers qui paraissent frappés de la foudre. VAS. ELECTIONIS. 42 mil.

38. JEROME PAUMGARTNER, sénateur de Nuremberg.

HIERONYMVS. PAVMGARTNER. ANNO ÆTATIS. 56. Buste de face. 1553. ℞. IN. VMBRA. ALARVM. TVARVM. SPERABO DONEC. TRANSEAT. INIQVITAS. Écusson. Gl. Pl. 3, n° 10. 64 mil.

39. BARTOLOMEO PENDALIA, riche marchand de Ferrare (1472).

BARTHOLOMÆVS. PENDALIA. INSIGNE. LIBERALITATIS. ET. MVNI-

FICENTIÆ EXEMPLVM. Buste à gauche ℞. CÆSARIANA. LIBERA-
LITAS. Personnage nu, assis sur un trophée, tenant une lance
et un globe. OPVS. SPERANDEI (Sperandio). Armand,
32.   85 mil.

40. NICOLAS PICININO, général, né à Pérouse (1380-1444).

NICOLVS. PICININVS. VICE COMES. MARCHIO. CAPITANEVS. MARE.
AC. MARS. ALTER. Buste à gauche. ℞. N. PICININVS. BRACCIVS.
un griffon sur le collier duquel on lit PERVSIA allaitant deux
enfants. OPVS. PISANI. PICTORIS. (Pisanello) Armand, 19.
85 mil.

41. Même pièce.   85 mil.

42.   PHILIPPE II, roi d'Espagne (1546-1598).

PHILIPPVS. REX. PRINC. HISP. ÆT. S. AN. 28. Buste cuirassé à
droite. ℞. JAM. ILLVSTRABIT OMNIA. Apollon dans un qua-
drige à droite, traversant la campagne. (JACQVES TREZZO) 1555.
66 mil.

43.   PHILIPPE IV, roi d'Espagne (1621-1665).

PHILIPPVS. IIII. HISPANIARVM. REX. Buste à droite sous le buste.
MA. SP. F. ℞. LVSTRAT. ET. FORET. Le char du soleil. 42 mil.

44.   FRANCOIS SFORZA, duc de Milan (1450-1466).

FRANCISCVS. SFORTIA. VICE COMES. MARCHIO. ET COMES. AC.
CREMONE. D. Buste à gauche. ℞. Une tête de cheval devant
trois livres, dessous, une épée. OPUS PISCINI. PICTORIS (Pisanello). Armand, 22.   85 mil.

45.   FRANCOIS SFORZA, 4ᵉ duc de Milan (1522-1535).

FRANCISCVS. STORTIA. VICE COMES. DVX. MᴵLI. QVARTVS. Buste

à gauche. ℞. CLEMENTIA ET ARMIS, PARTA. Entrée du duc
à Milan.   40 mil.

46. CATHERINE SFORZA RIARIO, fille de Galeaz Marie
(1484).

CATHARINA. SF. DE RIARIO. FORLIVIVM MOLAE. Buste à g. ℞.
VICTORIAM. FAMA. La Victoire dans un bige à dr.   70 mil.

47.   THIMOTHÉE DE VÉRONE, prédicateur illustre.
XVe siècle.

TIMOTHEO. VERONENSI. CANONICO. REGVL. DEI PRAECORI. INSIGNI.
Buste à gauche ℞. OPVS. MATTHAEI. PASTII. VERONENSIS.
(Matteo de Pasti.) Le Phénix sur son bûcher. Gl. Pl. 8,
n° 1.   83 mil.

48.   J. J. TRIVULCE, général milanais. (1417-1518.)

IO. IACOBUS. TRIVVLS. MARVN. VIG. FRA. MARESCALVS. Buste à
gauche, entre quatre écussons. ℞. 1499. EXPVGNATA. ALEXAN-
DRIA. DELETO. EXERCITV. LVDOVICVM. SF. NI LVI. DVC.
EXPELLIT. REVERSVM. APVD. NOVARIAM. STERNIT. CAPIT.
Pièce carrée. Gl. Pl. 40. n° 2.   46 mil.

49.   S. TRIVULCE, évêque de Côme (1527.)

SCARAMV. TRIVVLTIVS. CARD. EPISC, COMENS. Buste à gauche.
℞. Lisse.   49 mil.

50.   MARIE TUDOR (1554-1558.)

MARIA 1. REG. ANGL. FRANC. ET. HIB. FIDEI. DEFENSATRIX. (J.
Trezzo). Buste à gauche. ℞. CECIS. VISVS. TIMIDIS. QVIES.
La Paix assise brûlant des armes devant le temple de Janus,
plusieurs personnages l'implorent.   67 mil.

51. J. A. TUSCANUS, jurisconsulte milanais (1575).

IOHANNES. ALOISIVS. TVSCANVS. ADVOCATVS. Buste à gauche. ℞.
PREVENIT. AETATEM. INGENIVM. PRECOX. Dans une couronne.

72 mil.

52. PHILIPPE VADI, médecin pisan (1457.)

PHILIPPVS. DEVADIS DE PISIS. CHIRONEM. SVPANS. Buste à
gauche. ℞. OPVS. IOANNIS. BOLDV. PICTORIS. M.CCCC.LVII.
(Jean Boldu), jeune guerrier debout, tenant une épée.
Armand, n° 7. 69 mil.

53. PHILIPPE MARIE VISCONTI, duc de Milan.
(1413-1447.)

PHILIPPVS. MARIA. ANGLVS DVX. MEDIOLANI ET CETERA. PAPIE.
ANGLERIE. QVE.COMES. AC GENVE. DOMINVS. Buste à droite. ℞.
Le duc, armé de toutes pièces, suivi de deux cavaliers, gravit
un rocher derrière lequel on voit une église et les remparts
d'une ville. OPVS PISANI PICTORIS. (Pisanello). Armand, **27**.

97 mil.

54. CHARLES VISCONTI

CAROLVS VICECOMES. Buste à droite. ℞. CORALIT. Une branche
de corail. 70 mil.

55. ANONYMES.

Buste de face de la femme d'Albert Durer, 1508. AD. étain.

53 mil.

56. LAVX. KRELER. WAS. ALT. LII. Buste à droite. Médaille en bois.

59 mil.

PLAQUETTES

57. David, vainqueur de Goliath.   70-55 mil.

58. Femme près d'un autel, tenant un masque devant un jeune
    homme assis et endormi; à ses pieds, une tête de sanglier.
                                                    70-54 mil.

59. Hercule étouffant le lion de Némée.   64-57 mil.

60. Cavalier terrassant ses ennemis.   64-55 mil.

61. L'Adoration des Bergers.   68-68 mil.

62. L'Adoration des Mages.   110-76 mil.

63. La Circoncision.   110-72 mil.

64. La Crucification.   110-74 mil.

65. Même sujet.   90-70 mil.

66. La Résurrection.   99-64 mil.

67. Saint Jérôme.   76-48 mil.

68. Saint André.   74-54 mil.

69. Char triomphal.   120-60 mil.

70. Chasse au lion.   82 mil.

71. Adam et Ève.   80 mil.

72. Mars et Vénus.   103 mil.

73. Sacrifice à Priape.   60 mil.

74. Saturne.   160-92 mil.

75. Mise au tombeau.   65-100 mil.

76. Jugement de Pâris (*par Jean de Florence*).   53 mil.

77. Hercule combattant le Centaure (*par Moderni*).   52-66 mil.

78. Apollon et Marsyas, ovale.   40-44 mil.

79. Une patène formée d'un joli relief représentant Jésus-Christ
    mourant, soutenu par la vierge et un ange; le tout dans un
    bel encadrement.   120-80 mil.

80. Jeune berger accroupi, tenant dans ses bras un vase; statuette
    d'un bon style.   105 mil.

www.ingramcontent.com/pod-product-compliance
Lightning Source LLC
LaVergne TN
LVHW011932170726
843501LV00011BA/4348